BEI GRIN MACHT SICH IHR WISSEN BEZAHLT

Bibliografische Information der Deutschen Nationalbibliothek:

Die Deutsche Bibliothek verzeichnet diese Publikation in der Deutschen National-
bibliografie; detaillierte bibliografische Daten sind im Internet über http://dnb.d-
nb.de/ abrufbar.

Impressum:

Copyright © 2018 GRIN Verlag
Druck und Bindung: Books on Demand GmbH, Norderstedt Germany
ISBN: 9783668659148

Dieses Buch bei GRIN:

https://www.grin.com/document/416074

Marco Kremer

Die Zeitungsbranche in Deutschland unter Druck. Läutet die Digitalisierung das Ende der gedruckten Tageszeitung ein?

GRIN Verlag

GRIN - Your knowledge has value

Der GRIN Verlag publiziert seit 1998 wissenschaftliche Arbeiten von Studenten, Hochschullehrern und anderen Akademikern als eBook und gedrucktes Buch. Die Verlagswebsite www.grin.com ist die ideale Plattform zur Veröffentlichung von Hausarbeiten, Abschlussarbeiten, wissenschaftlichen Aufsätzen, Dissertationen und Fachbüchern.

Besuchen Sie uns im Internet:

http://www.grin.com/

http://www.facebook.com/grincom

http://www.twitter.com/grin_com

FOM HOCHSCHULE FÜR OEKONOMIE UND MANAGEMENT ESSEN
STUDIENZENTRUM BERLIN

Berufsbegleitender Studiengang IT-Management (M.Sc.)
2. Semester
Seminararbeit im Modul Interdisziplinäre Aspekte der Wirtschaftsinformatik

Die Zeitungsbranche in Deutschland unter Druck – Läutet die Digitalisierung das Ende der gedruckten Tageszeitung ein?

Autor: Marco Kremer
Abgabetermin: 31.08.2017

Inhaltsverzeichnis

Abbildungsverzeichnis

Tabellenverzeichnis

Abkürzungsverzeichnis

Abkürzung	Erläuterung
AGOF	Arbeitsgemeinschaft Online Forschung
BDZV	Bund Deutscher Zeitungsverleger
bpb	Bundeszentrale für politische Bildung
PwC	PricewaterhouseCoopers
SD	*standard deviation* (deutsch: Standardabweichung)
ZMG	Zeitungs Marketing Gesellschaft

Symbolverzeichnis

Symbol	Erläuterung
R	Korrelationskoeffizient nach Pearson

1 Einleitung

Das Zeitungsverlagswesen in Deutschland befindet sich im Umbruch. Gedruckte Auflagen sinken seit Jahren, ebenso die Erlöse aus dem klassischen Anzeigengeschäft. Renommierte Zeitungen, wie die Frankfurter Rundschau und Financial Times Deutschland mussten zwischenzeitlich Insolvenz anmelden (beide 2012). Unter dem Kostendruck konsolidiert sich die Branche durch Personalabbau, Redaktions-Kooperationen und Zusammenschlüsse (Baetz 2014). Eine mögliche Ursache dafür: die voranschreitende Digitalisierung und die damit eng verbundene Änderung des Medienkonsumverhaltens.

Ein flächendeckender Medienwechsel der Branche von Print auf Digital oder gar ein Wegfall des Zeitungsformates an sich würde nicht allein die Konsolidierung der Redaktionen vorantreiben, sondern ganze Berufszweige treffen. Die zentrale Frage, welche sich aus der reinen Zahlentendenz von Auflagen und Anzeigeneinnahmen ergibt, lautet: Wird sich die gedruckte Zeitung in Deutschland als Massenmedium auf Dauer erhalten oder wird sie durch die neuen Möglichkeiten der Digitalisierung obsolet? Mit der vorliegenden Arbeit versuche ich Tendenzen festzustellen und Argumente zu bündeln, welche mir eine nachvollziehbare und belastbare Aussage zur oben skizzierten Problemstellung ermöglicht. Diese Erkenntnisse erlauben schließlich weiterführende Ableitungen zu sozioökonomischen Effekten der Digitalisierung bezogen auf die Zeitungsbranche und die mit ihr assoziierten Branchen Druck- und Verlagswesen. Die nachfolgende Betrachtung konzentriert sich dabei auf das Format der Tageszeitung, welche im Vergleich der Zeitungsformate den weitaus größten Markt darstellen. Ihre Entwicklung wird deshalb sicherlich die gesamte Zeitungsverlagsbranche dominieren und beeinflusst damit auch Formate mit einem Turnus geringerer Frequenz, wie Wochen- oder Monatszeitungen.

Die dargelegte Kernfrage dieser Exploration möchte ich aus einer makroökonomischen und einer mikroökonomischen Sichtweise erörtern. Die Ergebnisse beider Betrachtungen werde ich anschließend zusammenführen und die Eingangsfrage nach der Zukunft der Printzeitung beantworten.

Spricht die Marktentwicklung für eine Zukunft der Tageszeitung und wenn ja, in welchem Format/Medium?

Beim makroökonomischen Ansatz untersuche ich, welche Entwicklung die deutsche Tageszeitungsbranche in den vergangenen 22 Jahren (seit dem ersten Auftreten von deutschsprachigen Zeitungsangeboten im Internet) genommen hat und welche

Markttendenzen daraus für die Zukunft ableitbar sind. Ich konzentriere mich auf Branchenstatistiken zu Auflagenzahlen sowie auf Finanzierungsaspekten von gedruckten Zeitungen und von digitalen Angeboten.

Welchen exklusiven Nutzen weist die Printzeitung gegenüber dem digitalen Angebot auf?

(Welche Bedürfnisse befriedigt sie exklusiv?)

Im mikroökonomischen Ansatz frage ich, ob die Printzeitung einen exklusiven Nutzen für seine Leserschaft gegenüber dem digitalen Angebot aufweist, welcher potenziell ihre Existenz sichert. Zunächst hinterfrage ich dazu, wieso die Zeitung ein Massenprodukt ist und ob ihr Nutzen für den Konsumenten mediengebunden ist. Hierbei erscheint mir wichtig zu erörtern, welche Rolle die Zeitung im Medienverbund aus Sicht des Konsumentenverhaltens bei der Informationsbeschaffung spielt. Ich verwende hierzu Umfrageergebnisse zum Mediennutzungs- und Medienkonsumverhalten und Erkenntnisse aus wissenschaftlichen Analysen. Aus der Beantwortung dieser Fragen leite ich die Alleinstellungsmerkmale der gedruckten Zeitung und ihre Akzeptanz/Nutzengewichtung aus Sicht des Lesers[1] ab. Ihnen gegenüber stelle ich die Alleinstellungsmerkmale der digitalen Informationsaufbereitung und die überschneidenden Merkmale von Print und Digital.

Die Beantwortung der oben angeführten Fragestellungen dieser Arbeit, ermöglicht mir eine valide Aussage zur Überlebenswahrscheinlichkeit der Print-Zeitung als Massenmedium in Deutschland. Die Printausgabe einer Zeitung ist zweifelsohne teurer als die digitale. Ich vermute, dass das ökonomische Überleben der Printzeitung an ihrer Leserakzeptanz hängt. Diese wiederum ist direkt abhängig vom Nutzen, welchen sie gegenüber den Digitalangeboten exklusiv stiften kann. Die Überlebenswahrscheinlichkeit der Printzeitung wird vermutlich gegen Null gehen, sofern sie keinen exklusiven Nutzen, bzw. nur einen nachrangigen ausweisen kann. Den Status als „Massenmedium" wird die Zeitung vermutlich nicht verlieren, aber innerhalb der Massenmedien wird ihre Bedeutung zugunsten digitaler Angebote zurückgehen. So wie sich das Mediennutzungsverhalten ändert, werden Zeitungen gezwungen sein, ihren ökonomischen Schwerpunkt auf ihre digitalen Angebote zu verlagern.

Dafür ist es umso wahrscheinlicher, dass die Print-Ausgabe von Zeitungen weiterhin für einige Konsumenten in verschiedenen Lebenssituationen (Alter, Ort (z.B. Flugzeug),

---

[1] Um die Lesbarkeit der vorliegenden Arbeit zu erhöhen, verzichte ich regelmäßig auf die explizite Erwähnung der weiblichen und Transgenderformen bei der Ansprache allgemeiner Personengruppen. Ich bitte bei meiner Ansprache von Personengruppen alle Geschlechtsvarianten mitzudenken, sofern sich Geschlechterunterschiede nicht direkt aus dem Kontext ergeben.

Tätigkeit (z.B. reisen)) die favorisierte Version bleiben wird und aus diesem Grunde eine ökonomische Daseinsberechtigung erfährt – möglicherweise aber nur als Nischenprodukt.

Ich gehe davon aus, dass das Medium „Zeitung" als Informationsaggregat für Konsumenten sinnstiftend bleibt und damit auch auf lange Sicht im Digitalen ein akzeptiertes (und gekauftes) Produkt bleiben wird. Hier vermute ich auch in der digitalen Welt eine Nachfrage nach aufgearbeiteten, unabhängigen journalistischen Produkten in gesammelter / komprimierter Form und damit ein geldwertes Konsumentenbedürfnis.

Bei der Bearbeitung des Themas sollen neben der erforderlichen, strukturierten und Schlagwort-gestützten Literaturrecherche, Methoden der analytischen Statistik zur Auswertung von verfügbaren Datensätzen (vornehmlich aus der Quelle Statista) zur Anwendung kommen. Die Überprüfung der Hypothese wird sowohl auf qualitative als auch quantitative Argumente gestützt.

Der Aufbau der Arbeit lehnt sich am Erkenntnisinteresse an. In Kapitel 2 betrachte ich die Marktentwicklung der deutschen Zeitungsbranche und erörtere die Frage nach der Überlebensprognose der Tageszeitung aus makroökonomischer Perspektive. Im anschließenden Kapitel 3 widme ich mich der Nutzenanalyse des Formats Tageszeitung im allgemeinen und als Printmedium im speziellen. Hierbei vergleiche ich das Printangebot mit dem digitalen. Im Ergebnis dieser mikroökonomischen Betrachtung stelle ich nachvollziehbar fest, ob die Print-Tageszeitung das Informationsbedürfnis seiner Leser exklusiv in dem Maße befriedigen kann, dass es auch langfristig eine ökonomische Perspektive besitzt. Diese Perspektive betrachte ich für das digitale Informationsangebot gleichermaßen. Das abschließende Kapitel 4 widmet sich der Diskussion der Ergebnisse seiner beiden Vorgängerkapitel. Ich präsentiere im Fazit die Beantwortung der Eingangsfrage nach den Überlebensaussichten der gedruckten Tageszeitung.

2 Entwicklung der dt. Zeitungsbranche 1996 - 2017 und Prognose

In diesem Kapitel möchte ich die Frage beantworten, ob die Zeitung den momentanen Status des Massenmediums zukünftig erhalten kann und wenn ja, in welchem Medium eher – Print oder Digital. Dazu beleuchte ich die Entwicklung der deutschen Zeitungsbranche in Bezug auf ihr Printangebot *Tageszeitung* und ihre digitalen Angebote *Online-Auftritt*[2] und *E-Paper* anhand von Daten zu Auflagenstärke und Leserzahl. Der Beginn des Betrachtungszeitraums ergibt sich aus dem Beginn der Datenerhebung für digitale Angebote. Die ersten fünf deutschen Zeitungen starteten 1995, Inhalte in einem eigenen (und damit zurechenbaren) Internetauftritt anzubieten. Zahlenerhebungen zu Auswirkungen begannen dann im Folgejahr.

Der Begriff des Massenmediums erfährt in der Literatur verschiedene Definitionen. Im Kern umfassen diese aber stets dieselben Komponenten, welche sich auch in der hier beispielhaft ausgewählten von Jürgen Wilk finden: „Unter Massenmedien im engeren Sinne werden die technischen Mittel verstanden, die zur massenhaften Verbreitung von Aussagen an eine Vielzahl von Personen geeignet sind, also insbesondere Presse, Film, Hörfunk (Radio), Fernsehen, Internet." (Jürgen Wilke in Bundeszentrale für politische Bildung 2010, S. 4).

Es ließ sich keine Definition finden, welche die Begriffe „massenhaft" und „Vielzahl" quantifiziert. Aus diesem Grunde interpretiere ich die Definition für die weitere Verwendung in Bezug auf die Fragestellung wie folgt:

Als Teil der Presse ist das Format der Tageszeitung grundsätzlich solange als Massenmedium zu charakterisieren, wie eine Auflage existiert. Im Umkehrschluss gilt analog: Falls keine Auflage (mehr) existiert, gilt der Status nicht mehr.

Aus wirtschaftlichen Gründen (besonders Mengeneffekte bei Kosten und Erlösen sowie Aufwand/Nutzen-Überlegungen) wird jede Auflage eine nennenswerte Größenordnung erreichen, von welcher ausgegangen werden kann, dass sie „massenhaft" Aussagen an eine „Vielzahl" von Personen verbreitet. Ich knüpfe daher den Status „Massenmedium" für die Tageszeitung an die Existenz einer Auflage.

Aufgrund von Umfangsrestriktionen dieser Arbeit werde ich mich nicht den Finanzierungsaspekten der Zeitungsverlage widmen. Mir ist bewusst, dass ich damit wesentliche Einflusskriterien auf die Entwicklung der Zeitungsverlage außenvorlasse. Besonders der interessante Aspekt der Finanzierung von digitalen Nachrichteninhalten

---

[2] In der Fachliteratur werden die Online-Auftritte der Zeitungen häufig zu den Nachrichtenportalen gerechnet. Da dieser Begriff auch Online-Nachrichtenanbieter umfasst, welche keinen klassischen Zeitungshintergrund mit einem Printangebot besitzen (diese werden als *Digital Natives* bezeichnet), verwende ich ihn nicht synonym.

verdient unter anderen Umständen eine ausführliche Würdigung. Dennoch wähle ich die Entwicklung verkaufter Auflagen als beschreibendes Merkmal, da durch diese Marktbetrachtung eine Reihe finanzieller Aspekte bereits mittelbar abgebildet ist.

2.1 Auflagenentwicklung Tageszeitungen

Laut dem Bund Deutscher Zeitungsverleger (BDZV) erscheinen 2017 in Deutschland 333 Tageszeitungen mit einer Tagesauflage von rund 15,3 Mio. Exemplaren (Pasquay 2017, S. 4). Deutschland hält damit den fünften Rang im internationalen und den ersten im europäischen Vergleich der Zeitungsmarktgröße. Ist Deutschland ein Land der Zeitungsleser? ‚Noch‘, müsste eingeschränkt werden, vertraut man den Trends bei Marktzusammensetzung, Auflagen- und Online-Produkt-Entwicklung. Seit 1995 ist die Anzahl der Tageszeitungen von 381 auf 324 im Jahre 2016 nicht stetig, aber mit nur wenigen Unterbrechungen (2001, 2005, 2009) gesunken.[3] Der Trend verdeutlicht die seit Jahren anhaltende Marktkonsolidierung und Medienkonzentration. Allerdings setzte er bereits mit Beginn der Datenerfassung 1954 ein und wurde nur im Jahre 1991 von der Wiedervereinigung kurzzeitig umgekehrt. Er ist damit schwerlich auf die Digitalisierung allein zurückzuführen. Fakt ist jedoch, dass die „Digitalisierung [...] mehr Konkurrenten als je zuvor [...] im Kampf um die Aufmerksamkeit [der] Leser" hervorgebracht hat (Baetz 2014, S. 2). Dieser Umstand sollte sich in den Verkaufszahlen der Auflagen widerspiegeln.

Gemäß den Erhebungen des BDZV hat sich der Auflagenverkauf im Betrachtungszeitraum stets negativ entwickelt. In Grafik 1 sind die erhobenen Verkäufe (in Millionen Stück) in rot abgebildet. Zusätzlich sind zwei Prognosen zur Verkaufsentwicklung bis 2019 abgebildet. In grün ist dabei die Prognose von PricewaterhouseCoopers (PwC) aus dem Jahre 2015 eingetragen. Eine von mir erstellte Prognose, die einem linearen Regressionsmodell folgt, ist in blau abgebildet. Das mit dem Modell erreichte Bestimmtheitsmaß ist mit dem Quadrat des Korrelationskoeffizienten R (nach Pearson) ebenfalls in der Grafik angegeben. Alle Zahlen stellen, gemäß der Datenerhebungslogik von BDZV, den arithmetischen Durchschnitt der täglichen Auflagenverkäufe des jeweiligen Jahres dar.

---

[3] Zahlen zur Zeitungsmarktzusammensetzung in Deutschland entnommen aus BDZV. n.d. Anzahl der Tageszeitungen in Deutschland in ausgewählten Jahren von 1954 bis 2016. Statista. Zugriff am 13. Juni 2017. Verfügbar unter https://de.statista.com/statistik/daten/studie/36376/umfrage/anzahl-von-tageszeitungen-in-deutschland-seit-1965/.

Grafik 1 Verkaufsentwicklung Auflage Tageszeitung 1995 - 2019.

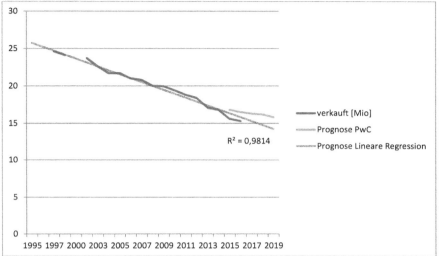

Quelle: **rot** - Kansky et al., Zeitungen 2016/17, Oktober 2016, S. 314. **grün** - PwC, German Entertainment and Media Outlook: 2015-2019, 2015 **blau** - eigene Darstellung nach Daten von Kansky et al. (2016).

Die Auflagenverkäufe sind im angegebenen Zeitraum von 25 Mio. verkaufter Exemplare 1995 auf 15,3 Mio. im Jahre 2016 um 39 % gesunken. Dabei betrug die jährliche Abnahmerate im Mittel 3 % bei einer Standardabweichung (engl. *standard deviation*, abgekürzt SD) von 2 %. Die Prognose von PwC aus dem Jahr 2015 erwies sich im Nachhinein als zu optimistisch und weicht bereits für die Jahre 2015 / 2016 um 1,2 Mio. Exemplare nach oben ab.

Die SD der jährlichen Abnahmerate ist mit 2 % sehr gering. Ich nehme deshalb einen linearen Zusammenhang an. Die von mir durchgeführte lineare Regression ist eine einfache Möglichkeit die Entwicklung auf Grundlage der Unterstellung eines linearen Zusammenhanges zwischen Jahr und Auflagenzahl aus den Verkaufsdaten der vergangenen 20 Jahre zu schätzen. Das Bestimmtheitsmaß des Modells ist mit $R^2 = 0,9814$ sehr hoch und stützt meine Grundannahme.

Das Modell prognostiziert mit jedem Jahr einen Rückgang des Auflagenverkaufs um 0,52 Mio. Exemplare. Demnach wird im Jahr 2044 das letzte Exemplar einer gedruckten

Tageszeitung in Deutschland verkauft. Sollte sich der Trend weiterhin linear entwickeln, verliert die Tageszeitung im besagten Jahr ihren Status als Massenmedium.

Sofern die gedruckte Tageszeitung als Nischenprodukt erhalten bleibt, wird sich der negative Wachstumstrend abmildern und in eine Phase konstanter Verkaufszahlen übertreten. Dieses ist aus dem hier angewandten linearen Modell allerdings nicht ableitbar. Eine Studie von Clement und Wellbrock von 2015, welche die These der Entwicklung zu einem Nischenprodukt stützt, prognostizieren der regionalen Tageszeitung eine größere Überlebenschance, als der überregionalen. Bei den Gründen verweisen die Autoren auf die Marktstellung als „regionale Monopole" und auf die exklusiven Inhalte, die eine hohe Leser-Blatt-Bindung erzeugen können (zitiert in Meedia Redaktion 2015).

Gestützt wird diese Prognose von Daten zur Marktentwicklung, welche in Grafik 2 für die vergangenen fünf Jahre abgebildet sind. In rot eingetragen sind die Leserzahlen regionaler Zeitungen, die in ihrem Haushalt über ein Abonnement einer regionalen Zeitung verfügen oder diese selber durch Kauf erwerben. Die dazugehörige jährliche Änderungsrate (Wert IST-Jahr / Wert Vorjahr) ist in blau verzeichnet. Als Vergleichswert ist in grün die jährliche Änderungsrate beim Absatz der gesamtdeutschen Tageszeitungsauflage eingetragen.

Grafik 2 Leserentwicklung regionaler Tageszeitungen 2012 - 2016.

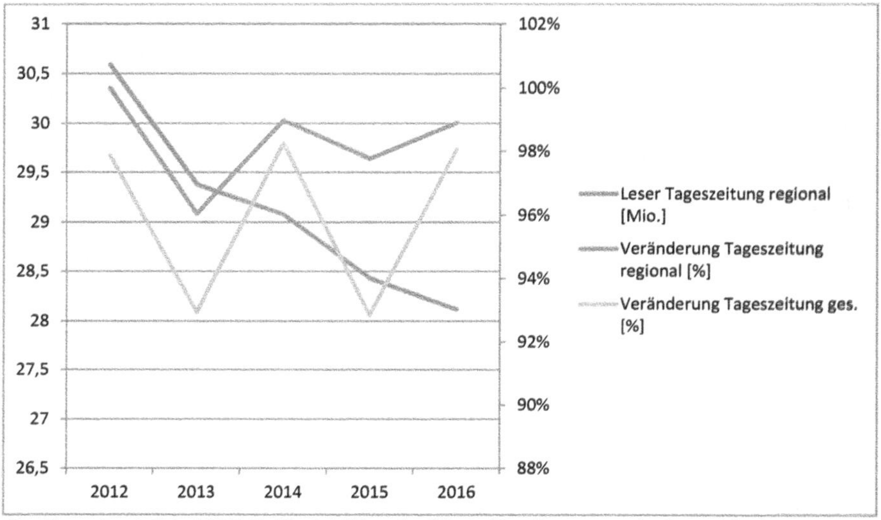

Quelle: rot - statista 2017. S. 51. Addition der Werte für „Personen mit einem Abo im Haushalt" und „Personen, die sich die Zeitung selber kaufen". **blau** - eigene Darstellung nach

Daten von statista 2017. S. 51. **grün** - eigene Darstellung nach Daten von Kansky et al., Zeitungen 2016/17, Oktober 2016, S.314.

Wie bei der gesamtdeutschen Tageszeitungsauflage, sinkt auch die Leserzahl von regionalen Angeboten im Printformat. Dennoch liegt die jährliche Änderungsrate im Betrachtungszeitraum durchgehend über der der gesamtdeutschen Auflage und bereits nahe an 100 %. Die verkaufte Auflage regionaler Zeitungen ist also zuletzt weniger schnell gesunken als die gesamtdeutsche Tageszeitungsauflage. Ich folge diesem Indiz und vermute, dass die Phase konstanter Auflagenentwicklung (jährliche Änderungsrate von 100 %) bei regionalen Zeitungen zeitlich näher liegt als bei den deutschen Tageszeitungen insgesamt. Wird diese Phase tatsächlich erreicht, bleibt zumindest die Printausgabe regionaler Zeitungen ein Massenmedium– wenn möglicherweise auch nur als Nischenprodukt.

2.2 Online-Auftritte und Auflagenentwicklung E-Paper

Die ersten fünf Zeitungsverlage starteten 1995 ihre Online-Angebote.[4] In den folgenden Jahren nahm ihre Zahl bis heute auf 698 zu. Bereits 2001 übertraf die Zahl der Online-Angebote mit 390 erstmals die Zahl der Printangebote (356).[5] Aus einer Erhebung von Mai 2016 bis August 2016 geht hervor, dass diese Online-Angebote in einem durchschnittlichen Monat von 38,5 Mio. Lesern über 14 Jahren besucht wurden.[6] Die gleiche Quelle berichtet von 43,4 Mio. Lesern der täglichen Zeitungsauflage. Damit überwiegt die Nutzung der Zeitung gegenüber der der Online-Angebote bislang deutlich. Die Entwicklung der E-Paper-Auflagen, in Grafik 2 gezeigt, unterstreicht dieses Verhältnis. In blau habe ich zusätzlich eine Entwicklungsprognose für die Jahre 2018 und 2019 eingetragen, welche auf einem Modell exponentiellen Wachstums basiert. Im Vergleich zu anderen Wachstumsmodellen, die eine lineare, logarithmische oder potenzierte Entwicklung annehmen, habe ich hier das höchste Bestimmtheitsmaß vorgefunden ($R^2 = 0,983$).

Seit Beginn der Datenaufzeichnung zeigt die E-Paper-Auflage stetig steigende Zuwachsraten. Eine Sättigung ist damit nicht absehbar und die Annahme einer exponentiellen Entwicklung, zumindest aus der Betrachtung der vergangenen Jahre, gerechtfertigt. Folgt man den hier aufgezeigten Entwicklungsmodellen von Print und E-Paper, so erreicht die Auflage des E-Papers die der gedruckten Zeitung ab dem Jahr 2023 (beide etwa elf Mio. Stück). Ausgehend

---

[4] Zahlen zu Online-Angeboten deutscher Zeitungsverlage entnommen aus Kansky et al. 2016, S. 319.
[5] Dieses Verhältnis erklärt sich aus dem Umstand, dass viele Zeitungen Regionen- oder Zielgruppen-spezifische Angebote selbstständig im Internet organisieren.
[6] Erhoben wurden die Zahlen zu *Unique Usern*, also unterschiedlichen Besuchern des Online-Angebots. Zahlen zu *Unique Usern* der Online-Angebote entstammen der aktuellen Auswertung der AGOF 2017.

von der momentanen Entwicklung hat das E-Paper das Potenzial, die gedruckte Zeitung zu marginalisieren, was die Auflagenstärke betrifft. Es ist allerdings davon auszugehen, dass bis dahin die heute getroffenen Entwicklungsannahmen für beide Formen zu aktualisieren, bzw. zu verfeinern sind. Fest steht, dass für beide Auflagen eine natürliche Sättigungsgrenze besteht, welche mit der verfügbaren Leserzahl in Deutschland korreliert. Demnach ist das Prognosemodell für E-Papers für alle Aussagen über das Jahr 2028 hinaus in jedem Fall zu verwerfen – für 2029 wird eine Auflage von mehr als 87 Mio. Exemplaren vorhergesagt.

Grafik 3 Verkaufsentwicklung Auflage E-Papers 2005 - 2019.

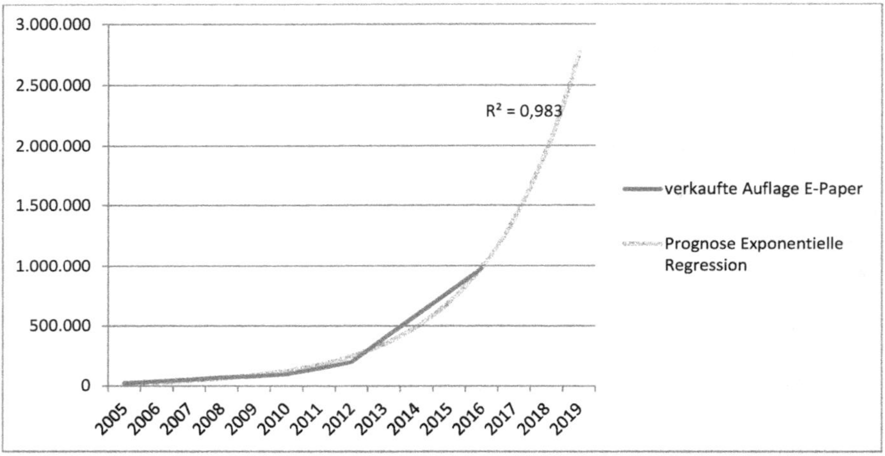

Quelle: **rot** - Kansky et al., Zeitungen 2016/17, Oktober 2016, S.81. **blau** - eigene Darstellung nach Daten von Kansky et al. (2016).

Konkurrenz bekommen die Online-Auftritte der klassischen Printmedien (also auch Nachrichtenmagazine) laut einer repräsentativen Umfrage der Bitkom Research GmbH in 2016 (Prescher 2016) unter Internetnutzer über 14 Jahren besonders von Online-Angeboten der Fernsehsender. 54 % aller Befragten gaben an, Nachrichten über Online-Seiten der Fernsehsender zu beziehen gegenüber 52 % auf Webseiten der klassischen Printmedien. Sie stellen dabei die beiden am häufigsten genannten Nachrichtenquellen im Internet. Es folgen mit 45 % Online-Portale (z.B. von Suchmaschinen- oder Email-Service-Anbieter) und soziale Netzwerke mit 22 %. Video-Portale und die Inhalte der *Digital Natives*-Nachrichtenportale sind mit 8 % bzw. mit 7 % bereits etwas abgeschlagen in der Nutzungshäufigkeit. Damit ist festzustellen, dass das traditionelle Ringen um Aufmerksamkeit zwischen Fernsehen und Zeitung als Zweikampf

9

im Internet seine Fortsetzung findet. Doch starke Konkurrenten in Form von *Digital-Natives* folgen unmittelbar. Lediglich die eigens für Nachrichten erschaffenen digitalen Portale sind momentan außen vor.

In diesem Kapitel habe ich Entwicklungsprognosen zu den Auflagen von Print und Online-Angeboten abgeleitet. Diesen folgend, besteht eine reale Chance, dass das E-Paper die gedruckte Zeitung im favorisierten Leseformat ablösen wird (im Jahr 2023) und dass regionale Zeitungen als Massenmedium in der Printvariante auch zukünftig bestand haben werden. Für die überregionalen Angebote konnte keine ähnlich positive Prognose erstellt werden. Hauptkonkurrenten bei der Leserakquise im Digitalen sind Fernsehanbieter und etablierte Online-Portale, welche den Nachrichtenservice im Portfolio mit anderen Services kombinieren.

3   Der Lesernutzen des Zeitungsformats

Die Funktionen der Zeitung werden von der Bundeszentrale für politische Bildung (bpb) in ihrer Ausgabe zum Thema ‚Massenmedien' folgendermaßen zusammengefasst: „[...] ihre wichtigen Funktionen [sind] umfassend zu informieren, Hintergründe zu erhellen und eine fundierte Meinungsbildung zu ermöglichen oder auch spezifische Zielgruppen gezielt anzusprechen und gut zu unterhalten [...]" (Bundeszentrale für politische Bildung 2010, S. 22). Diese Aspekte erfordern einen „anspruchsvollen Journalismus", welchen die deutsche Bundeskanzlerin als „Kernkompetenz der Verlage" identifiziert hat (zitiert in Baetz 2014, S. 3). Deren Verständnis vom Zeitungsprodukt und schließlich ihr eigenes Branchen-Selbstverständnis findet sich in dem folgenden Zitat vom BDZV: „Kein anderes Medium kann die Welt in ihrer Universalität so professionell abbilden. Bis in den lokalen und hyperlokalen Nahraum hinein begleitet die Zeitung die Menschen und liefert zugleich das 'big picture' in Politik, Wirtschaft, Kultur und Sport." (Pasquay 2017, S. 38).

Die Kernfrage, mit der ich mich in diesem Kapitel auseinandersetze, rührt an eben diesem Selbstverständnis: Erschafft die Print-Tageszeitung über ihre Funktionen überhaupt noch einen exklusiven Lesermehrwert,

1. den dieser sich nicht anderweitig ohne weiteres beschaffen kann und

2. für den dieser relevant ist?

Aus der Bejahung der beiden Teilfragen lässt sich ein Bedürfnis ableiten, welches befriedigt werden will. Dieses wiederum wirkt sich positiv auf den zukünftigen Erhalt der Printzeitung aus. Bei der Verneinung erfolgt die Schlussfolgerung analog.

Um den exklusiven Nutzen herauszuarbeiten, stelle ich für die gedruckte Tageszeitung und seine drei stärksten Konkurrenten E-Paper / Online-Auftritt der Tageszeitung, Online-Auftritt der Fernsehsender und Online-Portal (gem. der bereits in Kapitel 2.2 vorgestellten repräsentativen Umfrage der Bitkom Research GmbH 2016) eine Nutzenmatrix auf (Tabelle 1). Die Nutzenkriterien der Matrix entlehne ich der oben genannten Funktionsauflistung für Zeitungen aus der Massenmedien-Ausgabe der bpb. Ich ermittle in dieser Matrix, ob die Konkurrenten die der Zeitung zugesprochenen Funktionen ebenfalls erfüllen. Meiner Einschätzung zugrunde lege ich dabei die in der Fachliteratur genannten Funktionen der Konkurrenten. Prognosen über die Erweiterung des Funktionsumfangs muss ich aufgrund von Umfangsrestriktionen der Arbeit außen vor lassen. Grundsätzlich ist davon auszugehen, dass sowohl die Online-Auftritte von Zeitungen als auch von Fernsehsendern ihre Funktionalitäten aus dem jeweils traditionellen Trägermedium erben, bzw. durch Medienvernetzung[7] erweitern, keinesfalls aber reduzieren (Sell 2010, S. 14; Höhn 2013, S. 2; Bundeszentrale für politische Bildung 2010, S. 43). Deshalb gehe ich ohne weitere Prüfung davon aus, dass die Funktionen der Tageszeitung von E-Paper bzw. Online-Auftritt der Zeitung ebenfalls erfüllt werden. Für die anderen beiden Konkurrenten sind in den jeweiligen Fußnoten die Fundstellen für die dazugehörigen Funktionen angegeben.

Tabelle 1 Nutzenmatrix.

Funktion	Tageszeitung (Print)	E-Paper / Online-Auftritt Zeitung	Online-Auftritt Fernsehsender[8]	Online-Portal[9]
Informieren	✓	✓	✓	✓
Hintergründe	✓	✓	✓	

[7] Diese Medienvernetzung wird in der Literatur auch ‚crossmedial‘ genannt. Ihre Verwendung basiert primär auf den technischen Möglichkeiten, die das Internet bereitstellt und wird häufig als Zukunftsstrategie für klassische Medienunternehmen bezeichnet (Bundeszentrale für politische Bildung 2010, S. 13).
[8] Quelle: Breunig und Engel 2015, S. 324 Tab. 1. Dabei wurden die Funktionen den hier verwendeten (aufgeführt in Klammern) wie folgt zugeordnet: Information (‚Information‘), mitreden können, nützlich im Alltag (beide ‚Meinungsbildung ermöglichen‘), Denkanstöße bekommen (‚Hintergründe erläutern‘), Spaß, Entspannung, nicht allein fühlen, Ablenkung, Gewohnheit (alle ‚Unterhalten‘). Die Quellenstudie hat Zielgruppen nach Alter differenziert und weicht von der hier verwendeten Interpretation ab. Dennoch kann über die Rubriken-Funktion der Websites eine Zielgruppenansprache gelingen. Die Funktion gilt damit als abgedeckt.
[9] Quelle: Kirchhof et al. 2014, S. 6 f.

erläutern				
Meinungsbildung ermöglichen	✓	✓	✓	
Zielgruppen ansprechen	✓	✓	✓	✓
Unterhalten	✓	✓	✓	✓

Quelle: Eigene Darstellung.

Aus der Matrix ist ersichtlich, dass die Tageszeitung lediglich gegenüber den Online-Portalen einen exklusiven Nutzen aufweist. Dieser liegt – erwartungsgemäß – im Bereich der Kernkompetenz der Tageszeitung, welche einen anspruchsvollen Journalismus voraussetzen (‚Hintergründe erläutern' und ‚Meinungsbildung ermöglichen'). Funktional gesehen, sollte die Tageszeitung durch die Online-Nachrichtenangebote der Zeitungen und der Fernsehsender substituierbar sein. An dieser Stelle ist ein Blick auf Nutzungsmotive der Leserschaft und das dahinterliegende Image der hier betrachteten Medien zu werfen. Auf diese Weise kann ich das Bild aus der Nutzenmatrix differenzieren hinsichtlich der (vom Leser empfundenen) qualitativen Ausprägung der Funktionen.

Im Rahmen der ARD/ZDF-Langzeitstudie ‚Massenkommunikation', welche zuletzt 2015 durchgeführt wurde, sollten sich Mediennutzer über 14 Jahren unter anderem zur Informationskompetenz verschiedener Medien äußern. Welches Medium am besten informiert über ausgewählte Aspekte habe ich in einem Ausschnitt über hier relevante Inhalte in Grafik 4 dargestellt.

Grafik 4 Informationskompetenzen von Tageszeitung und Internet im Vergleich.

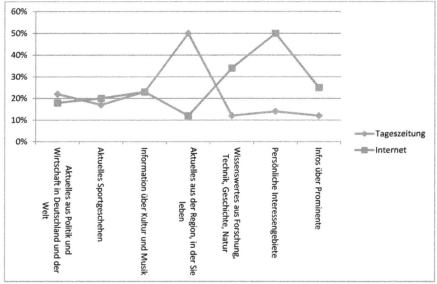

Quelle: Eigene Darstellung von Daten aus Breunig und Engel 2015, S. 332 Tab. 8.

Aus Grafik 4 ist ersichtlich, dass sich die empfundene Informationskompetenz von Tageszeitung und Internet in allgemeingesellschaftlichen Themen wie Politik, Wirtschaft, Sport und Kultur wenig unterscheidet. Eine deutlich höhere Kompetenz wird der Tageszeitung bei regionsspezifischen Informationen zugesprochen. Regionale Tageszeitungen weisen gem. dieser Studie also noch einen Wettbewerbsvorteil gegenüber anderen Medien auf. Dieses Ergebnis stützt die Prognose ihrer Auflagenentwicklung aus Kapitel 2.2. In der Altersgruppe der 14 bis 29 Jährigen (nicht in Grafik 4 dargestellt) nähren sich die Werte jedoch bereits deutlich an (Breunig und Engel 2015, S. 332 Tab. 8). Sofern sich diese Bewertung also in der Kohorte verstetigt, nivelliert sich dieser Vorteil mit der Zeit. Das Internet punktet erwartungsgemäß bei persönlichen Interessengebieten und dominiert dementsprechend die Funktion ‚Zielgruppen ansprechen' im dualen Vergleich.

Grafik 5 zeigt das Ergebnis einer Befragung zum Medien-Image im Ausschnitt für Tageszeitung und Internet, welche im Rahmen der ARD/ZDF-Langzeitstudie ‚Massenkommunikation' 2015 ermittelt wurde. Personen über 14 Jahren wurden gefragt, welches Attribut für welches Medium am ehesten zutrifft.

Grafik 5 Image von Tageszeitung und Internet im Vergleich.

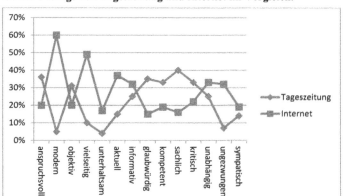

Quelle: Eigene Darstellung nach Daten von Breunig und Engel 2015, S. 333 Tab. 9.

Gemäß Grafik 5 ist der wohl entscheidende Vorteil, den die Tageszeitung gegenüber dem Internet bislang besitzt, das Image eines glaubwürdigen, kompetenten und kritischen Informationslieferanten. Leider hat die Studie die Internetmedien nicht weiter differenziert. So bleibt an dieser Stelle offen, ob sich die Glaubwürdigkeit bei E-Papers oder Internet-Auftritten der Zeitungen fortsetzt.

In diesem Kapitel habe ich untersucht, ob die Tageszeitung einen exklusiven, relevanten Nutzenvorteil gegenüber ihren größten Konkurrenzformaten aufweist. Diese Frage muss aus funktionaler Sicht verneint werden. Allerdings besitzt die Tageszeitung bislang zwei Wettbewerbsvorteile, welche zum Fortbestand beitragen können. Zum einen setzen Leser beim Konsum Regionen-spezifischer Inhalte hauptsächlich auf Tageszeitungen – auch wenn das Internet hier deutlich aufholt. Zum anderen ist das Image der Tageszeitungen bei der Qualität der Informationsaufbereitung herauszustellen. Für die Funktionen ‚Hintergründe erläutern' und ‚Meinungsbildung ermöglichen' besitzt die Tageszeitung gegenüber dem Internet einen klaren Vorteil. In diesem Bereich ist allerdings das Fernsehen in Form der öffentlich-rechtlichen Anstalten ein traditionell starker Konkurrent um die Aufmerksamkeit der Mediennutzer.

4 Diskussion und Schlussbetrachtung

Die Ergebnisse der vorangegangenen beiden Kapitel können nun zur Beantwortung der initialen Untersuchungsfrage herangezogen werden. Wird die gedruckte Tageszeitung durch die Digitalisierung obsolet? Das Fazit muss lauten: ja.

Die gedruckte Tageszeitung gerät seit einigen Jahren zusehends ökonomisch unter Druck. An diesem Umstand trägt die Digitalisierung einen wesentlichen Anteil. Momentan ist Print noch ein wichtiger Teil des Unternehmenserfolges und der BDZV ist optimistisch, dass er das absehbar bleibt (Pasquay 2017, S. 38). Ob der Optimismus des Branchenverbandes begründet ist, bleibt jedoch zweifelhaft. Im Rahmen dieser Arbeit erstellte Absatzprognosen bestätigen eher das düstere Bild, das Journalisten und Medienwissenschaftler seit geraumer Zeit von der Zukunft des Printmediums zeichnen (vgl. Weichert et al. 2009; Redaktion Focus Money Online 2012; Höhn 2013; Vogel 2014; Baetz 2014; Meedia Redaktion 2015). Die Digitalisierung hat dabei einen Transformationsprozess in Gang gebracht, welcher sowohl die Konsolidierung der Zeitungsbranche forciert, als auch Geschäftsstrategien der Branche verändert. *Crossmedia* ist das Schlagwort, welches Internet-zentriert die Vorteile verschiedener Medien kombiniert und so dem Leser neue Informationswege offeriert. Diese Strategie wird zwangsläufig mit einer Marginalisierung des Printmediums, im besten Fall hin zu einem Nischenprodukt auf regionaler Ebene, einhergehen.

Vorteile bestehen allerdings unbenommen auch beim Printmedium. Wie ich im zweiten Teil dieser Untersuchung herausarbeiten konnte, liegt bei der (Tages)-Zeitung die große Trumpfkarte des Qualitätsjournalismus, dem die Leserschaft bislang vertraut. Sachlich, kompetent und vor allen Dingen glaubwürdig arbeitet dieser Journalismus Themen auf und stellt sie zum Zwecke der Meinungsbildung und Hintergrundinformation dem anspruchsvollen Leser zur Verfügung.

Die Herausforderung wird sein, diese Form des Journalismus finanzieren zu können (Deutscher Journalisten-Verband e.V. 04.11.2014). Die Digitalisierung hat hier bislang wenig überzeugende Marktsignale setzen können (Sell 2010). Im Gegenteil, durch die große Konkurrenz online um Aufmerksamkeit ist Veröffentlichungsgeschwindigkeit nicht nur ein technisch exklusives Merkmal der Online-Medien, sondern auch ein zweifelhafter Wettbewerbsvorteil. Dieser verkehrt sich ins Gegenteil, wenn auf sorgfältige Prüfung von Meldungsinhalt und Sachverhalt verzichtet wird, um schneller als die Konkurrenz zu sein und sich die Meldung dann als falsch herausstellt. Bei einigen Magazinen mag dieser Weg Methode haben oder zumindest billigend in Kauf genommen werden. Für markenstarke

Zeitungen jedoch kann der Reputationsverlust katastrophale ökonomische Folgen haben (Höhn 2013).

Dennoch steht fest, dass sich keine Zeitung ohne Online-Repräsentanz wird halten können. In dieser Form liegt meines Erachtens auch die Zukunft der Zeitung. Es geht nun nur noch darum, journalistisch hochwertige Inhalte multimedial aufzuarbeiten und damit dem gewandelten Leserbedürfnis zu begegnen. Die Prämisse für diesen Ansatz fasst das abschließende Zitat wunderbar zusammen:

"Unsere einzige Überlebenschance in diesem digitalen Wettbewerb um Aufmerksamkeit, in dem wir sind, ist: Glaubwürdigkeit, Glaubwürdigkeit, Glaubwürdigkeit." – Mathias Müller von Blumencron, Chefredakteur Digitale Medien der Frankfurter Allgemeine Zeitung, zitiert nach Baetz 2014, S.8.

5 Literaturverzeichnis

AGOF (2017): digital facts 2017 - 01. Hg. v. AGOF. AGOF (digital facts, 01). Online verfügbar unter https://www.agof.de/download/Downloads_digital_facts/Downloads_Digital_Facts_2017/Do wnloads_Digital_Facts_2017-01/01-2017_df_Grafiken_digital%20facts%202017-01.pdf?x87612, zuletzt aktualisiert am 01.04.2017, zuletzt geprüft am 21.08.2017.

Baetz, Brigitte (2014): Wege aus der Zeitungskrise. Digitalisierung. Online verfügbar unter http://www.deutschlandfunk.de/digitalisierung-wege-aus-der-zeitungskrise.724.de.html?dram:article_id=301418, zuletzt aktualisiert am 26.10.2014, zuletzt geprüft am 27.05.2017.

Breunig, C.; Engel, Bernhard (2015): Massenkommunikation 2015: Funktionen und Images der Medien im Vergleich. Ergebnisse der ARD/ZDF-Langzeitstudie. In: *Media Perspektiven* 7-8, S. 323–341.

Bundeszentrale für politische Bildung (2010): Massenmedien. In: *Informationen zur politischen Bildung* (309).

Deutscher Journalisten-Verband e.V. (04.11.2014): Positionen Zukunft und Finanzierung. Positionspapier. Berlin. Wagner, Jacob. Online verfügbar unter https://www.djv.de/startseite/info/beruf-betrieb/journalismus-finanzierung.html, zuletzt geprüft am 27.05.2017.

Höhn, Tobias D. (2013): Deutsche Tagespresse im kontinuierlichen Sinkflug. Leibniz-Institut für Länderkunde. Leipzig (Nationalatlas aktuell, 7). Online verfügbar unter http://aktuell.nationalatlas.de/Tageszeitungen.3_03-2013.0.html, zuletzt aktualisiert am 19.03.2013, zuletzt geprüft am 16.06.2017.

Kansky, Holger; Kramp, Leif; Weichert, Stephan; Keller, Dieter; Eggert, Christian; Freytag, Johannes et al. (2016): Zeitungen 2016/17. neue Ausgabe. Berlin: ZV Zeitungs-Verlag (Zeitungen, 28).

Kirchhof, Anja; Gurzki, Thorsten; Hinderer, Henning; Vlachakis, Joannis (2014): Was ist ein Portal? Definition und Einsatz von Unternehmensportalen. Whitepaper. Hg. v. Frauenhofer Institut Arbeitswirtschaft und Organisation. Frauenhofer Institut Arbeitswirtschaft und Organisation.

Meedia Redaktion (2015): 13 Thesen zur Zukunftsfähigkeit der Zeitung. In: *Meedia*, 12.11.2015. Online verfügbar unter http://meedia.de/2015/11/12/13-thesen-zur-zukunftsfaehigkeit-der-zeitung/.

Pasquay, Anja (2017): Die deutschen Zeitungen in Zahlen und Daten 2017. 1. Auflage, neue Ausgabe. Hg. v. Anja Pasquay. Berlin: ZV Zeitungs-Verlag.

Prescher, Dominique (2016): Drei Viertel der Internetnutzer lesen Online-Nachrichten. Hg. v. Bitkom Research. Bitkom. Online verfügbar unter https://www.bitkom.org/Presse/Presseinformation/Drei-Viertel-der-Internetnutzer-lesen-Online-Nachrichten.html, zuletzt aktualisiert am 21.08.2017, zuletzt geprüft am 21.08.2017.

PwC (2015): Tageszeitungen - Absatz bis 2019 | Prognose. Hg. v. PwC. PwC (German Entertainment and Media Outlook 2015-2019, Executive Summary). Online verfügbar unter https://de.statista.com/statistik/daten/studie/4704/umfrage/absatzzahlen-von-tageszeitungen-seit-2003/, zuletzt aktualisiert am 31.10.2015, zuletzt geprüft am 21.08.2017.

Redaktion Focus Money Online (2012): Ein schwarzer Tag für Deutschlands Presse. Zeitungen unter Kostendruck. Focus Money Online. Online verfügbar unter http://www.focus.de/finanzen/news/zeitungen-unter-kostendruck-ein-schwarzer-tag-fuer-deutschlands-presse_aid_859936.html, zuletzt aktualisiert am 13.11.2012, zuletzt geprüft am 19.06.2017.

Sell, Annette (2010): Verlage im Umbruch: Digitalisierung mischt Karten neu. In: *Deutsche Bank Research* (Aktuelle Themen 496), S. 1–16.

statista (2017): Zeitungen in Deutschland. Dossier, S. 1–115.

Vogel, Andreas (2014): Talfahrt der Tagespresse: eine Ursachensuche. In: *Bonn: Friedrich-Ebert-Stiftung*.

Weichert, Stephan; Kramp, Leif; Matschke, Alexander (2009): Das Verschwinden der Zeitung?: internationale Trends und medienpolitische Problemfelder;: Friedrich-Ebert-Stiftung, Stabsabt.